GUITARRABLUES DEDILHADA

Domine os Dedilhados e Solos na Guitarra Blues

JOSEPHALEXANDER

FUNDAMENTALCHANGES

Guitarra Blues Dedilhada

Domine os Dedilhados e Solos na Guitarra Blues

Publicado por **www.fundamental-changes.com**

ISBN: 978-1910403846

www.fundamental-changes.com

FB: **FundamentalChanges InGuitar**

Instagram: **FundamentalChanges**

Para Mais de 350 Aulas de Guitarra Com Vídeos Grátis, Acesse:

www.fundamental-changes.com

Direitos Autorais da Capa: Bizoo_n

Conteúdo

Introdução

O blues é a raiz da música moderna, seja o rock, pop ou jazz; e tornou-se popular na guitarra no início do século XX. Alguns artistas notáveis que popularizaram a guitarra de blues nos primórdios foram "Mississippi" Fred McDowell, Lead Belly, Blind Lemon Jefferson, Blind Blake and Charlie Patton. Esses músicos estavam entre os primeiros a gravarem e preservarem a tradição musical do blues acústico antigo.

Embora a música deles seja variada, há certas coisas que interligam seus estilos e abordagens. O primeiro e mais óbvio fator é que eles ligavam acordes, linhas de baixo e solos de forma coesa. Normalmente, parece que duas ou até três guitarras estão tocando ao mesmo tempo. Por cima dessa textura musical complexa, os vocais desses músicos de blues usavam poderosamente os microtons e "blue notes" para tirar cada gota de emoção das melodias e do conteúdo lírico que estava intimamente ligadas ao dia a dia, perdas, escravidão e emancipação. Nos anos 20, quando as gravações desses artistas começaram a se tornar populares, continuava questionável se a liberdade era de fato real depois da emancipação em 1863.

Como solistas na guitarra moderna, aprender a tocar guitarra acústica no blues nesse estilo primitivo nos traz grandes benefícios. Um deles é a capacidade de nos acompanhar quando não há banda ou faixa de fundo para nos ajudar. Quando eu era um jovem guitarrista e péssimo cantor, eu sempre emperrava para tocar algo quando as pessoas pediam uma amostra dos meus supostos "talentos". Tocar os acordes das músicas do Oasis vai ser pouco se você não conseguir cantar a melodia; e eu sempre precisava de uma faixa de fundo e amplificadores para demonstrar minha guitarra solo de rock aprendida arduamente.

Com o tempo, eu caminhei em direção ao blues acústico e melodias de jazz com acordes porque isso me ajudava a simplesmente pegar a guitarra e tocar acordes, linhas de baixo e solos ao mesmo tempo. Sem precisar cantar! Era como ser minha própria banda e faixa de fundo.

Executar o estilo antigo de blues acústico pode ser desafiador porque os guitarristas modernos costumam ser muito dependentes da palheta ao tocar guitarra. O coração do blues acústico é a independência entre o dedão (ou dedeira) e os dedos, por isso o desenvolvimento dessa técnica é o centro desse livro.

O Guitarra Blues Dedilhada está dividido em duas partes que te conduzirão através das técnicas rudimentares, conceitos e exercícios que te transformarão em um excelente guitarrista de blues acústico.

A Parte Um foca em desenvolver seus solos de blues acústico e combiná-los com linhas de baixo contínuas. Pode parecer pouco intuitivo começar por isso em vez de progressões de acordes, mas a técnica necessária para misturar linhas de baixo e melodias normalmente requer muita concentração e prática. O trabalho feito nessa parte ajudará a desenvolver logo as técnicas de acordes mais complexas na parte dois.

Na Parte Um, nós começamos do básico e dominamos os rudimentos do blues acústico: coordenação, ritmo, escalas, técnica, articulação e, claro, a manutenção de uma linha de baixo constante. Cada aspecto do estilo é mostrado de forma lógica e musical. Os primeiros exercícios podem parecer básicos e chatos, mas esses fundamentos rapidamente se transformarão em algo sólido e musical. Mesmo que pareça um pouco óbvio, cada exercício é cuidadosamente pensado para ajudá-lo a desenvolver controle e independência em sua forma de tocar.

Depois de treinar na Parte Um, você terá a capacidade e a musicalidade para tocar linhas de baixo e licks de guitarra blues.

A Parte Dois desse livro mergulha profundamente no outro lado da guitarra blues dedilhada: os acordes. Nessa parte, você aprenderá como tocar progressões essenciais, "*turnarounds*", formatos de acordes e padrões de palhetada, além de como combinar essas técnicas com linhas de baixo e "walking bass".

Ao combinar as ideias de ambas as partes do Guitarra Blues Dedilhada, você se tornará rapidamente apto a improvisar, tocar e compor canções de blues acústico autênticas.

Aprender a tocar esse estilo já foi um grande desafio para mim, já que a técnica e abordagem eram completamente diferentes de tudo que eu já havia tocado. Até mesmo ter começado a estudar guitarra clássica cedo não ajudou porque o movimento do dedão no blues dedilhado era bem diferente da abordagem clássica. A solução que eu encontrei foi seguir de forma *extremamente* lenta e treinar meus dedos para tocar o que eu queria e *apenas* o que eu queria. É fácil perder o foco e deixar seus dedos dominarem a música. No início, você deve treinar bem devagar e ser incrivelmente preciso em cada nota. Essa é a única forma possível de desenvolver a independência necessária nos seus dedos.

Sabendo disso, se você perseverar, irá rapidamente achar o blues acústico incrivelmente divertido, recompensador e uma forma impressionante de ser expressivo na guitarra. Esse estilo irá realmente diferenciá-lo de outros guitarristas e ajudá-lo a desenvolver uma abordagem musical única que irá te satisfazer por toda a vida.

Aproveite a jornada e divirta-se.

Joseph

Obtenha o Áudio

Os arquivos de áudio desse livro estão disponíveis para download gratuito em **www.fundamental-changes. com** e o link está no canto superior direito. Apenas selecione o título do livro no menu e siga as instruções para baixar os áudios.

Nós recomendamos que você baixe os áudios diretamente para seu computador em vez do seu tablet, e transfira-os para lá depois de adicioná-los a sua galeria de mídia. Então, você pode colocá-los no seu tablet, iPod ou gravá-los em um CD. Na página de download há um PDF para ajudá-lo e nós também oferecemos suporte técnico através do formulário de contato.

Kindle / eReaders

Para aproveitar ao máximo esse livro, lembre-se de que você pode clicar em qualquer imagem para ampliá-la. Desligue o bloqueio de "rotação de tela" e segure seu kindle em formato paisagem.

Integre-se

FB: **FundamentalChanges InGuitar**

Instagram: **FundamentalChanges**

Para Mais de 350 Aulas de Guitarra Com Vídeos Grátis, Acesse:

www.fundamental-changes.com

Parte Um: Independência dos Dedos e Solos

Nessa parte, você desenvolverá a independência e o controle essenciais para tocar o blues dedilhado na guitarra, mas em vez de aprender um monte de exercícios técnicos chatos, essas habilidades serão ensinadas através de um vocabulário musical divertido e útil.

Essa parte aborda:

- *Exercícios de rudimentos*

- *Habilidade de independência dos dedos,*

- *Escalas essenciais*

- *Notas de baixo pedal*

- *Técnicas de expressividade*

- *Bends*

- *Slides*

- *Bicordes*

- *Hammer-ons*

- *Pull-offs*

- *Vibrato*

- *Síncope em colcheias e semicolcheias*

- *Ritmos triplet e straight*

- *Licks sobre diversos acordes.*

Ao dominar essas habilidades na primeira parte, os desafios rítmicos da segunda parte serão muito mais fáceis. Claro, você pode ir direto para a parte dois quando quiser, mas eu recomendo que você primeiro invista algum tempo aqui para desenvolver suas habilidades e controle enquanto aprende alguns licks e músicas reais.

Capítulo Um: Rudimentos e Independência dos Dedos

A técnica mais importante para dominar na guitarra blues dedilhada é a independência entre o dedão e os dedos da mão de dedilhado e em relação ao baixo e as partes melódicas na mão do braço.

Os exercícios nesse capítulo te ajudarão a desenvolver esse tipo de controle aos poucos. Não é o tipo de exercício mais musical, mas eu garanto que te ajudará a evoluir muito mais rapidamente no resto do livro.

Na mão do dedilhado, você precisa decidir se usará o dedão para cuidar das notas do baixo ou se vai usar a palhetada *híbrida*. A palhetada híbrida é uma técnica onde você segura a palheta normalmente entre o dedão e o indicador e usa os dedos restantes da mão do dedilhado para tocar as notas nas cordas agudas.

Nenhuma das técnicas é melhor que a outra; entretanto, usar seu dedão é provavelmente o estilo mais autêntico. A palhetada híbrida, entretanto, cria um som muito mais distinto no baixo, por isso teste e decida qual som você prefere, depois de dominar alguns exercícios e licks.

O primeiro exemplo é simples. A ideia é usar o dedão da mão do dedilhado para tocar a nota "E" em semínima e manter o tempo por alguns compassos. Tente repousar gentilmente a parte inferior da mão do dedilhado na corda "E" grave para criar um efeito abafado. Nós iremos gradativamente inserir mais técnicas nessa linha de baixo. Use seu dedão para tocar o exercício seguinte.

A regra número um em cada exemplo desse livro é *bater seu pé em cada tempo*. Dessa forma, seu pé sempre estará sincronizado com um movimento do dedão na corda do baixo. O movimento físico de bater o pé manterá todo seu corpo sincronizado e permitirá que você sinta onde cada nota do baixo deve estar, liberando sua mente para pensar na melodia. Isso pode levar tempo, mas deve ser sua prioridade máxima.

Exemplo 1a:

Se você for novato nesse estilo, até mesmo isso pode ser um desafio a princípio. Treine até se sentir relaxado e confortável. Foque em sua respiração e observe enquanto ouve o som da nota. Não se esqueça de bater os pés.

Depois, nós adicionaremos uma nota melódica "E" repetitiva, também tocada em semínima. Eu uso meu dedo anelar para essa nota, mas você pode experimentar usando diferentes dedos.

Exemplo 1b:

Tente repetir o exemplo anterior, mas agora alterne entre o uso dos dedos anelar e médio para cada ataque na corda "E" aguda. Pode ser estranho a princípio, mas tente relaxar. Ao ganhar confiança, mude seu foco para sua respiração enquanto ouve as notas que está tocando. Você está no tempo?

Agora, tocaremos duas colcheias em cada nota do baixo. Alterne entre o uso dos dedos médio e anelar para as notas agudas antes de tentar usar apenas um dedo.

Exemplo 1c:

Use um metrônomo para gradualmente aumentar a velocidade do exemplo 1c até cerca de 100 bpm (batidas por minuto). Tente se gravar tocando sobre o metrônomo e escute para ver se está no tempo.

Depois, nós aprenderemos colcheias em tercina. O exemplo a seguir mostra três notas melódicas para cada nota do baixo. Use seus dedos anelar e médio para tocar as notas melódicas antes de inserir o dedo indicador e tocar a melodia com os dedos anelar, médio e indicador (A, M e I)[R, M e I, na notação em inglês]. Tente usar essa sequência de dedos em ordem inversa também. Concentre-se em tocar no tempo e relaxar no ritmo. Não se esqueça de abafar levemente as cordas do baixo para ajudar a diferenciar entre as notas do baixo contínuo e as notas da melodia.

Exemplo 1d:

Antes de inserir uma melodia mais interessante, toque o exemplo a seguir com quatro notas melódicas por tempo. Lembre-se de manter o seu dedão sincronizado com o metrônomo. Comece usando os seus dedos médio e indicador nas notas agudas, mas teste combinações com outros dedos tanto quanto puder.

Exemplo 1e:

Os exemplos a seguir combinam alguns dos ritmos anteriores. Treine-os e, aos poucos, suba a velocidade de cada exercício com um metrônomo. É bom subir a velocidade do metrônomo de 8 em 8 bpm.

Exemplo 1f:

Exemplo 1g:

Agora, podemos começar a tocar mais de uma nota na melodia. Embora esse exemplo possa parecer simples no papel, ele começa a aumentar sua coordenação. Preste atenção na distribuição dos dedos na mão da palhetada. Os dedos médio (R) e anelar (A) são apenas uma sugestão, mas seja qual for a distribuição de dedos escolhida, lembre-se de usar dedos alternados ao tocar duas notas na mesma corda.

Você deve perceber agora como esses exercícios básicos ajudam a tocar frases de blues autênticas.

Exemplo 1h:

Este exemplo usa notas que se movem entre duas cordas. Ao trocar de cordas é aceitável usar o mesmo dedo para tocar duas vezes.

Exemplo 1i:

Aqui está uma ideia que usa um ritmo tercinado. Teste o uso de diferentes pares de dedos na mão do dedilhado. Você pode ver que M e I são relativamente confortáveis e que M e R requerem algum esforço. Desenvolver liberdade na mão do dedilhado é uma meta importante, por isso insista nesses exercícios se você achar algumas combinações difíceis. Seja quais forem os dedos que você decida usar, sempre alterne-os durante esses exercícios e evite usar o mesmo dedo duas vezes seguidas na mesma corda.

Exemplo 1j:

Grave-se tocando e perceba se você está no tempo. Ao ganhar confiança, gradualmente acelere o metrônomo. Cinquenta bpm é um bom ponto de partida e você deve gradualmente tentar alcançar 100 bpm ao longo das semanas.

Nos exemplos a seguir, eu inseri uma ideia de baixo usual chamada *baixo alternado*. Use o dedão da sua mão do dedilhado em ambas as notas do baixo e toque a nota na 5ª corda (B) com seu segundo dedo. Lembre-se de repousar a parte inferior da sua mão do dedilhado gentilmente nas cordas do baixo para mantê-las abafadas.

Exemplo 1k:

Agora, combinaremos uma melodia com um padrão de notas de baixo.

Exemplo 1l:

Aqui está uma ideia similar com uma melodia levemente mais desafiadora. Use seu dedinho para tocar as notas da melodia e foque em manter a linha de baixo suave e no tempo.

Exemplo 1m:

Este exemplo é baseado no exemplo 1m, mas com algumas notas mais rápidas. Mantenha o baixo nivelado e constante.

Exemplo 1n:

Toque o exemplo 1 m novamente, mas dessa vez mantenha um acorde de E Maior ou E7. Embora você não esteja tocando nenhuma das notas do acorde que está mantendo, é essencial aprender a manter acordes enquanto adiciona melodias. Veja se você consegue descobrir como tocar o exemplo 1n enquanto segura um acorde. Alguns ajustes são necessários ao tocar a melodia.

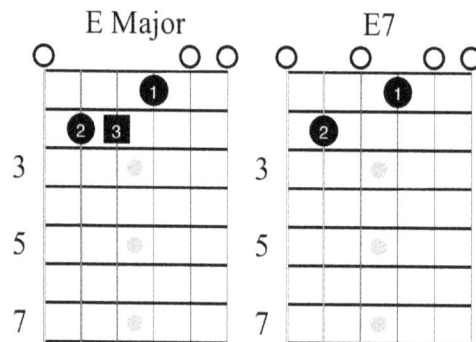

Tente variar a melodia no exemplo 1m se conseguir. A parte mais importante dos exercícios é manter a linha de baixo constante e no tempo enquanto usa o dedão.

O próximo exemplo se move entre dois acordes. E Maior e A Maior. Comece tocando o exemplo sem manter os acordes, mas quando ganhar confiança segure os acordes cheios enquanto toca o exemplo.

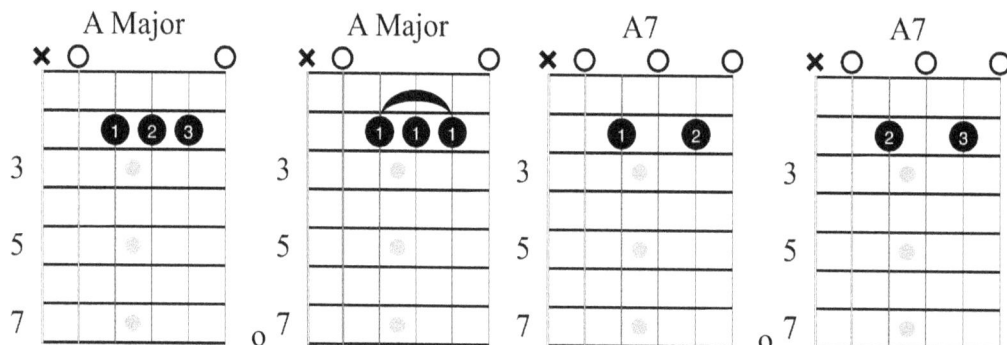

Exemplo 1o:

Agora, veja uma ideia similar, mas com uma melodia um pouco mais complexa. Perceba que a colcheia no primeiro tempo ajuda a separar a melodia da linha de baixo.

Exemplo 1p:

O mais difícil no exemplo 1p é manter o controle da linha de baixo. Perceba que as duas notas são tocadas sucessivamente na corda A. Nós veremos as linhas de baixo com mais detalhes mais tarde, mas por ora veja esse próximo exemplo. A melodia é a mesma de antes, mas eu inseri outra nota na parte do baixo. Use o seu segundo dedo para segurar a nota grave G.

Exemplo 1q:

Os exercícios a seguir são mais parecidos com licks tradicionais, mas te ajudam a adquirir independência entre o seu dedão e seus dedos do dedilhado. Eu simplifiquei a linha de baixo para ajudá-lo a se acostumar com esses novos ritmos.

Você pode começar separando a parte da melodia e inserindo a linha de baixo quando estiver confortável. Como sempre, o truque é focar na nota de baixo constante em cada tempo. Grave-se caso não esteja certo se está conseguindo manter o baixo consistentemente.

Ouça o exemplo em áudio para ajudá-lo a sentir o clima das frases.

Os arquivos de áudio desse livro estão disponíveis em **www.fundamental-changes.com**.

Exemplo 1r:

Exemplo 1s:

Os próximos dois exemplos mostram notas no contratempo em relação a linha de baixo alternada.

Exemplo 1t:

Exemplo 1u:

Os exemplos a seguir reintroduzem tercinas e algumas de suas subdivisões mais rápidas e combina-as com linhas de baixo alternado. Comece tocando os exemplos *sem* segurar os acordes transcritos para sentir o clima da música. Quando você começar a ganhar confiança, segure um acorde cheio de E7 e descubra como sua distribuição dos dedos precisa mudar para tocar a mesma linha.

Exemplo 1v:

Exemplo 1w:

Ao se familiarizar com essas ideias, você deve começar a experimentar a mudança da ordem das notas da melodia e explorar novais ideias melódicas. Todas as notas usadas até aqui vieram da escala pentatônica menor de "E", que você já deve conhecer. Nós veremos essa escala em maiores detalhes no próximo capítulo quando estivermos desenvolvendo nossas habilidades de solo.

É essencial manter seu pé batendo no tempo e concentrar-se em garantir que seu dedão fique no tempo, esteja você tocando uma linha de baixo de uma nota ou usando a técnica de baixos alternados.

Qualquer uma das ideias acima pode ser adaptada para ser tocada sobre a linha de baixo de "E" maior para "A" maior que estudamos no exemplo 1p, por isso, mais uma vez, vale a pena experimentar com essas melodias sobre as linhas de baixo.

Um conselho que recebi de Joe Pass, há muito tempo atrás, é que *a linha de baixo é sempre a sua maior preocupação.* O baixo oferece um fundamento rítmico para o ouvinte e "enquadra" cada nota da melodia que você toca. Se o baixo começar a ficar instável, então toda a estrutura irá desmoronar rapidamente. Para construir um linha de baixo forte e consistente, pratique bem devagar e pense sobre como as notas que você segura precisam ser coordenadas com as frases melódicas. Gradativamente, aumente a velocidade e você perceberá que os dedos naturalmente começarão a se moverem juntos.

Esse primeiro capítulo na verdade foi sobre *programar* seus dedos e desenvolver coordenação. Velocidade é uma preocupação distante, então sempre tenha certeza que sua mente está no controle do que você está tocando, não suas mãos.

No próximo capítulo, nós exploraremos ideias de solo específicas e mapearemos alguns formatos de escalas importantes que você deve saber.

Capítulo Dois: Introduzindo Escalas e Solos

Você pode ter percebido no capítulo anterior que a maioria das frases melódicas foram baseadas em torno de algumas notas. Essas notas estavam todas contidas na escala de *E menor pentatônica*. As notas dessa escala podem ser tocadas em duas posições diferentes próximo da mão da guitarra.

A primeira posição da escala pentatônica de E menor usa cordas soltas.

Exemplo 2a:

Em Pentatonic

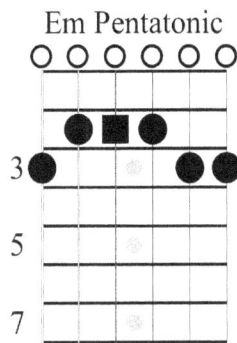

Como na maioria das vezes estaremos ocupados com as notas mais graves, as três ou quatro cordas mais agudas dessa escala serão mais úteis de serem usadas ao solar. Tente tocar a escala novamente, mas dessa vez adicione uma linha de baixo em semínima na corda "E" grave.

Exemplo 2b:

Nós começaremos a tocar alguns licks úteis usando esse formato de escala e veremos como podemos usar floreios e técnicas para deixar de tocarmos *frases* interessantes e musicais em vez de escalas chatas. Cada exemplo é tocado como um "lick" isolado e por isso é tocado com uma linha de baixo em semínima.

Lembre-se que a música não vem das escalas. As escalas surgem a partir da música. No princípio, havia apenas melodia, só mais tarde que os musicologistas vieram e organizaram essas melodias belas e livres em grupos de notas chamadas escalas, que puderam então serem "formalizadas" e ensinadas para os outros. Embora as escalas sejam uma forma conveniente de comunicar uma ideia, não fique preso pensando que essas são as únicas notas que você pode tocar.

Bends

O primeiro lick nesta parte introduz o conceito de bend de blues ou *"curl"*. O "curl" é um pequeno bend microtonal (menor que um semitom) tocado para dar mais expressividade musical e poder a uma nota. Eles podem ser tocados em qualquer lugar, mas são muito mais comuns em certas notas. Os bends podem ser tocados de forma lenta ou rápida e podem ser manipulados enquanto são tocados. Ouça com atenção as faixas de áudio e copie cuidadosamente o fraseado de cada bend. Perceba que esse curl não retorna a sua nota original, em vez disso a melodia pula diretamente para a corda solta.

Exemplo 2c:

Os exemplos a seguir introduzem um tipo diferente de bend e também um *pull-off*. Nós veremos os *pull-offs* em maiores detalhes mais tarde, por isso vamos focar no bend por enquanto. O bend na 3ª corda é a subida rápida de meio tom da nota "A" antes de retornar imediatamente a nota original. Depois, há um *pull-off* para a terceira corda solta (G). Ouça com cuidado como esse lick é tocado na faixa de áudio.

Exemplo 2d:

O exemplo 2e combina ambos os bends anteriores em uma só frase.

Exemplo 2e:

O lick a seguir usa o mesmo bend na primeira corda (E), mas o bend dura bem menos que um tempo.

Exemplo 2f:

O próximo exemplo mostra como você pode usar bends de diferentes tamanhos na mesma nota para desenvolver um lick com apenas algumas notas.

A nota A sofre um bend de um tom inteiro até a 5ª da escala (B) duas vezes. Na primeira vez, o bend é tocado rapidamente e na segunda ele leva dois tempos para se completar. Use seu segundo dedo para fazer o bend na corda G e segurá-lo com o primeiro dedo atrás dele. Conseguir fazer esse bend na região mais grave pode exigir prática e paciência enquanto sua força aumenta.

Não se esqueça da última nota de baixo no segundo compasso!

Exemplo 2g:

O próximo bend a se dominar é o *pré-bend*. Os pré-bends podem ser bem complicados no início, especialmente quando combinados com linhas de baixo em semínima.

A ideia do pré-bend (como o nome sugere) é fazer o bend alcançar a nota *antes* de atacá-la. Essa habilidade pode levar tempo para dominar porque você não tem nenhuma referência auditiva da altura do bend. Continue praticando e você começará a sentir o quanto a corda precisa ser levantada para alcançar a nota correta.

No próximo exemplo, a nota D é elevada até a tônica (E) antes de ser atacada. Novamente, use mais de um dedo para dar suporte ao bend e ouça cuidadosamente a nota quando você palhetar. Você rapidamente saberá se não estiver certo.

Exemplo 2h:

Ao tocar qualquer tipo de lick de blues, é normal que as notas sofram pequenos bends todo o tempo, mesmo quando o bend não estiver transcrito. Ao adicionar curls e outras pequenas manipulações em cada nota, os guitarristas conseguem dar uma grande expressividade para as frases. Se você escutar com cuidado qualquer bom solo de blues, você ouvirá que quase todas as notas têm algum tipo de bend, slide, vibrato ou outra técnica sutil para criar uma linha mais fluida e vocal, que imite a voz humana.

Jeff Beck é um mestre nesse tipo de manipulação sutil das notas, e você deveria ouvir qualquer trabalho dele para escutar um uso musical e interessante das técnicas deste livro.

Na próxima parte, exploraremos notas levemente mais altas no braço e inseriremos slides em nossa forma de tocar enquanto continuaremos a aprender o vocabulário e técnica da guitarra blues.

Segunda Posição de Solo, Slides e Bicordes

Vamos agora mover-nos mais acima no braço e explorar a segunda posição da escala pentatônica de "E" menor. Toque na guitarra da seguinte maneira.

Exemplo 2i:

Em Pentatonic

Memorize esse padrão tocando a escala lentamente com um metrônomo e gradualmente aumente a velocidade. Quando você estiver confiante, toque as notas nas quatro cordas mais agudas enquanto mantém a nota "E" do baixo constante.

Exemplo 2j:

Há algumas notas bastante úteis nessa escala que podem receber um bend e são mostradas nos licks a seguir. Lembre-se que você deve testar o quão rápido e o quão alto você leva o bend em cada nota.

Exemplo 2k:

Exemplo 2l:

O bend no exemplo a seguir será bem desafiador a princípio, já que você precisará fazer um bend de um tom e meio a partir da tônica (E) para a b3ª (G). Na verdade, se você estiver tocando um violão, deve evitar este exemplo. Use seu terceiro dedo para fazer o bend na nota e segure-a com o primeiro e segundo dedos atrás dele.

Note que o bend é *abafado* por um *palm mute* na mão da palhetada. Você não precisa se preocupar com isso agora, mas é uma excelente técnica para quando você desenvolver confiança com os bends.

Como sempre, domine o lick no primeiro compasso antes de usar as notas de baixo no segundo compasso.

Exemplo 2m:

Como você pode ver e ouvir no exemplo 2k, eu transcrevi um *slide* na nota final do compasso (E). Os slides podem ser tocados de duas formas principais.

Primeiramente, uma nota que esteja fazendo slide para outra pode não ter nenhum valor rítmico. Esses slides são chamados de *glissando (gliss)* e criam um efeito vocal humano que melhora a melodia. Normalmente, não importa onde esses slides começam contanto que você termine na nota alvo no tempo certo. Entretanto, fazer um slide curto cria um clima diferente de um slide longo.

Use os glissandos transcritos para embelezar as melodias nas frases a seguir. Ouça os exemplos em áudio para escutar como eles devem ser tocados. Comece o slide a partir da nota indicada (entre colchetes), mas ao desenvolver suas habilidades tente alcançar distâncias maiores e menores. Esteja atento, no entanto, para alcançar a nota alvo na hora certa.

Exemplo 2n:

Exemplo 2o:

O outro tipo de slide é tocado quando o valor rítmico da nota de início estiver completo. Esses *slides* são uma forma suave de ligar as notas de uma frase ou mudar o posicionamento na guitarra.

Nos exemplos seguintes, tenha atenção ao segurar cada nota pelo tempo correto e, depois, deslize de forma suave e limpa para a nota seguinte. Você também pode tentar palhetar novamente a nota durante o *slide* ou realizar o *slide* sem a palhetada extra.

Exemplo 2p:

Exemplo 2q:

Compare o exemplo 2n com o exemplo 2p. O primeiro slide deles são parecidos, mas soam diferentes.

O exemplo seguinte usa tanto *slides* quanto notas de ornamentação. Perceba que eu escrevi uma nota de ornamentação em *slide acima* da nota alvo. Pode demorar para se acostumar com isso, portanto aprenda o *lick* no primeiro compasso isoladamente, tocando-o com uma linha de baixo em semínima.

Exemplo 2r:

O exemplo 2r introduz a técnica chamada de *double-stop (bicordes)*, onde duas notas são tocadas juntas. Os bicordes são muito úteis musicalmente, especialmente quando tocamos a guitarra sem acompanhamento, já que nos permitem combinar solos com uma textura mais "harmônica". Os exemplos, a seguir, ensinam bicordes importantes, usando as duas primeiras posições da Pentatônica Menor. O exemplo 2s combina slides com bends de 1/4 de tom na corda aguda numa frase que pode ser facilmente usada como um *riff* de acompanhamento.

Exemplo 2s:

Toque o bicorde inicial com o dedo 1. Quando não houver ponto de partida indicado, teste. Use os dedos 2 e 3 no slide até o bicorde no tempo quatro. O C#, nota fora da pentatônica menor de E, sofre um bend até D.

Exemplo 2t:

No exemplo 2u, é preciso tocar um bend de 1/4 de tom na nota G aguda (tempo dois) e deixar a segunda corda (B) soar. Fazendo um pequeno bend no G agudo, você evitar abafar outras cordas.

Exemplo 2u:

No exemplo 2v, um slide em bicordes é seguido por um *pull-off* para as cordas soltas. Novamente, teste o slide no tempo quatro. Eu sugiro um slide de uma casa como um bom ponto de partida. O slide no tempo dois é bem rápido, portanto ouça o exemplo em áudio para escutar como esse *lick* deve soar. Lembre-se de isolar o *lick* no compasso um antes de inserir o padrão de baixo em semínima no compasso dois.

Exemplo 2v:

Nós exploraremos o braço da guitarra depois, mas o exemplo a seguir mostra como usar a mesma ideia em dois lugares diferentes da guitarra. Use o seu primeiro e segundo dedos para tocar esses bicordes e faça um leve bend de 1/4 de tom até a nota na corda grave. Preste atenção para não encostar acidentalmente nas cordas mais agudas. O *bend* na oitava casa é uma ideia usual no blues acústico e já foi tocado por quase todos os grandes guitarristas do estilo. Ele é conhecido popularmente, em inglês, como bend *train whistle [tradução livre: apito de trem]*.

Exemplo 2w:

O próximo bend em bicorde é bem difícil e levará provavelmente algum tempo até você desenvolver a força e controle necessários para executá-lo corretamente. Segure a segunda corda com seu terceiro dedo e use seu segundo dedo para tocar um pequeno bend na terceira corda.

Essa é uma frase muito pequena e isolada, mas quando você melhorar sua fluência, começará a combiná-la com outros *licks* em cordas soltas para preencher o restante do compasso.

Exemplo 2x:

O próximo exemplo combina um bend em bicorde com uma nota *pedal* na corda aguda. Uma nota pedal é

normalmente uma nota repetida no baixo (como você tem tocado na sexta corda solta), mas as notas pedais também podem estar abaixo na melodia.

Segure a nota aguda (G) firme com seu terceiro dedo enquanto toca os bends na terceira corda com seu segundo dedo. Em sua mão no braço, tente usar seus dedos anelar e indicador para tocar bicordes.

Exemplo 2y:

Qualquer nota na guitarra pode ser facilmente tocada uma oitava acima ao ser movida por doze casas. Em outras palavras, as notas em cordas soltas da guitarra são repetidas na décima segunda casa. A primeira posição da escala pentatônica menor de "E" pode, portanto, ser tocada sem cordas soltas e uma oitava acima da seguinte maneira:

Em Pentatonic

Perceba que esse formato é idêntico a primeira posição da escala pentatônica menor, mas não usa cordas soltas.

Isso significa que podemos mover qualquer um dos licks de blues em cordas soltas por doze casas e tocá-los uma oitava acima desde que reorganizemos os dedos.

Por exemplo, nós podemos facilmente mover o exemplo 2t por uma oitava e tocá-lo da seguinte maneira:

Exemplo 2z:

Perceba como o primeiro "E" solto é agora tocado na décima segunda casa da primeira corda, embora eu tenha reposicionado o segundo "E" solto na décima sétima casa para alcança-lo com mais facilidade.

Eu recomendo que você experimente tocar a primeira posição da escala pentatônica menor de "E" na décima segunda casa. Esse é o formato de escala mais usado pelos guitarristas e também é móvel, como um acorde com pestana. Qualquer lick pode ser facilmente transposto no braço da guitarra para diferentes tonalidades simplesmente movendo-se a forma da escala para um outro lugar.

Por exemplo, você pode tocar a escala pentatônica menor de A, assim:

A Minor
Pentatonic

A nota tônica (A) pode ser tocada na corda solta de "A", por isso é fácil de transpor todos os licks da sua primeira posição para a tonalidade de "A" menor.

Capítulo Três: Ligado e Vibrato

Nós vimos superficialmente os *pull-offs* no capítulo anterior, mas agora vamos começar a ver essa técnica importante em maiores detalhes e a introduzir os *hammer-ons*.

Os *hammer-ons* e *pull-offs* podem ser caracterizados como técnicas de *ligados* na guitarra. Embora "legato" seja apenas a palavra em italiano para "suave", é possível realmente explorar essas técnicas para torná-las nada suaves!

Para executar um *pull-off*, toque a primeira nota normalmente e, então, sem tocar a nota novamente, faça um movimento firme com seu dedo soltando a nota pressionada e fazendo soar a nota anterior. Os *pull-offs* podem ser tocados em cordas pressionadas e soltas, como você verá nos próximos exemplos. Pense no dedo que pressiona a corda como numa palheta extra.

Pratique isoladamente os exercícios no primeiro compasso de cada exemplo antes de inserir o baixo com seu dedão. Foque, no início, em fazer soar a nota do *pull-off* o mais alto que puder para aumentar sua força, mas ao adquirir confiança tente fazer as duas notas soarem na mesma altura.

Você perceberá que ao adicionar a linha de baixo em semínima, a coordenação do *pull-off*, especialmente em cordas soltas, ficará ligeiramente omitida. Continue focado e toque cada nota em seu devido tempo.

Exemplo 3a:

Aqui está um exemplo parecido que usa a segunda posição da pentatônica menor de "E".

Exemplo 3b:

Treine para deixar as notas igualadas ritmicamente. É fácil acelerar essas frases.

O próximo exercício é um dos mais desafiadores e mais importantes nesse livro. Ele testará sua coordenação e independência entre as mãos direita e esquerda. Pode ser bem difícil realizar o *pull-off* em uma nota grave caso ela esteja no tempo e ainda manter o baixo em semínima constante com seu dedão. Basicamente, você estará atacando a corda com seu dedão da mão do dedilhado enquanto faz o *pull-off* com sua mão do braço. Normalmente, tendemos a repetir a nota do baixo e tocar no tempo errado.

Toque lentamente e com cuidado o próximo exemplo, lembrando-se de seguir as instruções do dedilhado. Ataque apenas as primeiras duas notas, antes de fazer o *pull-off* em cada nota grave de cada par e depois toque a nota aguda.

Exemplo 3c:

Aqui está um exemplo parecido usando a segunda posição da pentatônica menor de "E".

Exemplo 3d:

Esses dois exercícios me ajudaram bastante a desenvolver coordenação, fluência e liberdade quando eu estava aprendendo esse estilo.

Os *hammer-ons* são o oposto dos *pull-offs*, já que partimos de uma nota mais grave para uma mais aguda martelando o dedo na nota alvo. Os *hammer-ons* podem ser muito mais desafiadores do que os *pull-offs* a princípio porque eles necessitam de mais força, controle e coordenação para serem executados de forma limpa e nivelada.

Para executar um *hammer-on*, ataque a primeira nota normalmente e use o seu dedo da mão do braço para "martelar" a casa desejada. Seja preciso para não atingir as outras cordas e tenha certeza de que o ritmo entre as duas notas está como se ambas as notas tivessem sido atacadas.

Os exemplos a seguir mostram como fazer o *hammer-on* das cordas soltas para as cordas pressionadas. Ouça com atenção os áudios para escutar como os pares de notas são tocados.

Exemplo 3e:

Exemplo 3f:

Também é mais complicado tocar um *hammer-on* de uma nota fora do tempo até uma nota no tempo enquanto se mantém o baixo constante em semínimas com o polegar, embora muitos achem os *hammer-ons* um pouco mais fáceis que os *pull-offs*. Os dois exercícios a seguir são um bom ponto de partida para ajudá-lo a desenvolver coordenação e fluência.

Assim como os exemplos 3c e 3d, tenha cuidado ao seguir as direções do dedilhado. Apenas dedilhe as duas primeiras notas antes do primeiro *hammer-on* e, depois, dedilhe a primeira nota de cada par.

Exemplo 3g: (Dedilhe onde estiver marcado com os dedos mais confortáveis pra você)

Exemplo 3h:

O exemplo a seguir combina *hammer-ons* e *pull-offs* e uma nota de baixo constante para ajudá-lo a se mover entre diferentes deslocamentos rítmicos das técnicas de ligado. Eu sugiro que você vá devagar nesses exemplos e foque-se bastante no nivelamento rítmico entre as duas notas. Siga as instruções de dedilhado e articulação atentamente e você perceberá uma mudança entre os dois deslocamentos rítmicos demonstrados acima.

Exemplo 3i:

Exemplo 3j:

Treine esses exercícios na segunda posição, como mostrado no exemplo anterior.

Os exemplos 3c, 3d, 3g, 3h, 3i e 3j foram criados para desenvolver a coordenação e independência entre as suas mãos direita e esquerda. Se você conseguir dominar esses seis exercícios, você achará muito mais fácil qualquer exercício futuro, seja dedilhado ou ligado. Leve alguns dias ou semanas treinando no controle de ligados com os exercícios acima e gradualmente tente aumentar a velocidade deles. Entretanto, lembre-se que manter o ritmo e o volume constantes é uma meta tão importante quanto a velocidade.

Ao desenvolver suas habilidades com os ligados, é hora de usar essas técnicas em novos vocabulários de blues e combiná-las com slides e bends que já vimos.

Tente os exemplos seguintes. Primeiro, pratique isoladamente e memorize a frase no primeiro compasso antes de inserir a linha de baixo no segundo.

Exemplo 3k:

Exemplo 3l:

Exemplo 3m:

Exemplo 3n:

Assim como com os bends, os *hammer-ons* e *pull-offs* podem ser tocados como notas de ornamentação. Ao tocar essas linhas com o baixo em semínima, pode demorar algum tempo para desenvolver o controle das notas de ornamentação levemente anteriores aos baixos.

Os exemplos a seguir mostram algumas formas usuais de juntar notas de ornamentação e ideias de ligados em suas linhas.

Exemplo 3o:

Exemlpo 3p:

Exemplo 3q:

Vibrato

O vibrato é a técnica de oscilar a afinação de uma nota, movendo-se o pulso da mão do braço após a nota ser tocada. Essa é uma das técnicas mais expressivas para se usar na guitarra porque ela simula a emoção da voz humana. O vibrato pode ser usado de diversas maneiras, mas nos primórdios do blues era adicionado aos finais das frases para ampliar a nota e o *sustain* das guitarras de som "magro".

O vibrato é criado através do movimento da mão do braço, de forma que a primeira junta do dedo puxe a corda em direção a parte inferior do braço. Esse contato cria uma alavanca que te ajuda a mover rapidamente a corda para cima e para baixo. Ao fazer um vibrato, os dedos que seguram a nota escolhida devem estar bem firmes, de maneira que apenas o pulso e a palma da mão se movam para cima e para baixo na direção do braço da guitarra.

Comece ouvindo as diferenças entre as mesmas frases tocadas com e sem vibrato.

Exemplo 3r:

Como você pode ouvir, a mesma frase tocada com vibrato tem mais expressividade e qualidade vocal.

Você deve praticar o uso do vibrato com todos os quatro dedos da mão do braço, por exemplo, tente a mesma frase novamente, mas deslize para a nota final com seu primeiro dedo e adicione um vibrato. Tente deslizar um dedo de cada vez e adicionar o vibrato.

Você pode voltar aos exemplos desse livro e adicionar vibratos a qualquer nota de qualquer *lick*. Ele funciona bem nos finais das frases, mas também é possível aplicá-lo a qualquer nota da frase, especialmente aquelas mais longas.

Você perceberá que no início é um pouco complicado manter o baixo em semínimas ao adicionar vibratos, especialmente quando as frases terminam fora da contagem do tempo principal ("e"). Por exemplo, a linha a seguir termina no "e" do tempo três e você precisa se concentrar na mão do dedilhado para mantê-la no tempo.

Exemplo 3s:

Você também deve experimentar atrasar o momento onde começa o vibrato em uma nota prolongada, uma vez que você não precisa iniciá-lo imediatamente. Você pode criar um efeito bem dinâmico, deixando a nota soar sem efeito e depois gradualmente inserindo o vibrato após alguns tempos.

Leve em consideração também o quanto você quer que seu vibrato seja *rápido* ou *forte*. Um vibrato rápido e forte soa bem diferente de um vibrato suave e lento. No exemplo a seguir, eu toco apenas uma nota e vario a velocidade e força do vibrato. É um excelente exercício para te fazer entrar em contato com sua expressividade musical.

Exemplo 3t:

Nós também podemos aplicar os vibratos em um bicorde. Toque o bicorde normalmente, vire seu pulso de forma que seu indicador esteja pressionando em direção a parte de baixo do braço da guitarra e mantenha seus dedos firmes enquanto move o pulso.

Tenha cuidado com o limite da amplitude do vibrato quando estiver usando bicordes, já que é fácil abafar a nota mais aguda acidentalmente. Ouça com cuidado o que está tocando para ter certeza que ambas as notas continuam soando.

Você pode mover o seu dedo indicador da parte inferior do braço para a parte mais aguda do bicorde para criar um posicionamento das mãos mais controlado.

Exemplo 3u:

O vibrato é uma técnica bastante pessoal que irá continuar a ser desenvolvida enquanto você tocar guitarra. Se você quiser maiores informações sobre como praticá-lo, veja o meu livro **Complete Technique For Modern Guitar.**

Os exemplos finais desse capítulo mostram uma nova posição da pentatônica menor de "E" que será explorada em maiores detalhes nos próximos capítulos.

Exemplo 3v:

Em Pentatonic

Os próximos exemplos combinam todas as técnicas que nós vimos até aqui: bends, slides, bicordes, ligados e vibratos. Usando essas técnicas, você perceberá como o fraseado com pentatônicas pode ser simples e expressivo.

Exemplo 3w:

Exemplo 3x:

Exemplo 3y:

Tente criar os seus próprios licks ao misturar todas essas técnicas que discutimos.

No próximo capítulo, veremos como aumentar sua independência rítmica usando *síncopes*.

Capítulo Quatro: Síncope

Síncope é "tocar contra ou fora do tempo". Em outras palavras, sempre que as melodias que tocamos não se alinham com o pulso principal ou subdivisões rítmicas da batida, estamos usando a síncope.

Normalmente, a síncope é uma parte natural e simples da música moderna, no entanto, no blues dedilhado acústico, a síncope tem um grande desafio, porque nosso polegar ainda tocar notas em semínimas firmes e sem síncope. Basicamente, nosso dedão toca na batida e nossos dedos de dedilhado tocam fora da batida.

Esse nível de complexidade pode ser alcançado, mas requer prática focada e cuidadosa. Nesse capítulo, veremos como dominar a síncope que é uma grande parte do vocabulário melódico do blues dedilhado.

Vamos começar vendo as formas mais simples de síncope antes de seguir para outros exemplos. Com sorte, o primeiro exemplo não deve ser difícil. O polegar toca semínimas constantes e as notas da escala pentatônica menor de "E" são tocadas em cada batida (entre os ataques do polegar). Mantenha o pé batendo no ritmo e se concentre em sincronizar a batida do pé com o movimento do seu dedão.

Exemplo 4a:

Embora as notas da melodia estejam escritas como uma pequena colcheia para dar maior clareza, tente deixar cada nota soar o máximo possível. Crie suas próprias variações melódicas baseadas nesse ritmo e passe algum tempo explorando diferentes formatos e mudanças de direção. Por exemplo, você pode tocar esta ideia abaixo na posição dois.

Exemplo 4b:

Explore o braço tanto quanto puder usando essa ideia.

A próxima etapa é para criar alguns licks que se baseiam nesse ritmo sincopado. Nem todas as notas são tocadas fora do tempo, mas esse é o princípio geral por trás de cada linha.

Exemplo 4c:

Não se assuste com o próximo exemplo, é o mesmo princípio do anterior, há apenas algumas notas mais rápidas. Ouça as faixas de áudio para ajudá-lo e vá devagar. O último tempo é um pouco complicado.

Exemplo 4d:

O próximo exemplo combina um *bend* fora do tempo com um *slide* fora do tempo.

Exemplo 4e:

Seria possível preencher todo esse livro com *licks* sincopados em colcheias e você deve passar algum tempo trabalhando nessas ideias, que são usuais na guitarra de blues dedilhado e irão ajudá-lo a desenvolver grande independência entre o polegar e os dedos de sua mão do dedilhado.

A próxima etapa é ver as ideias que estão deslocadas por uma semicolcheia. Elas vão de fato desafiar sua concentração e independência dos dedos, então vá devagar ao praticar os exemplos a seguir.

O primeiro exemplo mantém apenas uma nota na melodia para você sentir o clima dessa síncope difícil. Ouça o exemplo em áudio e lembre-se de bater o pé no tempo. Mais uma vez, concentre-se no seu pé e sincronize a batida do seu pé com o seu polegar.

Neste exemplo, podemos deslocar a melodia em colcheias por uma semicolcheia, tocando uma semicolcheia no primeiro tempo e depois continuando em colcheias. Essa é uma ótima maneira de soar como se você estivesse tocando mais rápido do que na realidade está e dar intensidade para a melodia.

Exemplo 4f:

O próximo exemplo é semelhante, porém a nota da primeira semicolcheia não é tocada.

Exemplo 4g:

Agora, tente tocar uma escala pentatônica menor de "E" em formato aberto nesse ritmo. Você pode achar muito difícil no começo, mas isso é apenas o seu corpo e mente se acostumando com a sensação de tocar essas ideias.

Exemplo 4h:

Os próximos exemplos são alguns *licks* baseados no deslocamento de semicolcheia. Eles são todos muito difíceis e será mais fácil se você contar as semicolcheias em voz alta – "1, 2, 3, 4" em cada tempo.

Nesse primeiro exemplo, você colocará cada colcheia na segunda e quarta semicolcheias de cada tempo. Ouça atentamente o áudio e bata seu pé!

Exemplo 4i:

O exemplo a seguir será muito difícil no começo, então eu sugiro que você divida-o tempo por tempo.

Conte em voz alta e tente solfejar o *lick* junto com a faixa de áudio. Preste atenção na batida do seu pé, já que ele vai querer avançar para a primeira nota da melodia em vez do tempo. Isso deve ser evitado a todo custo! Para desenvolver a verdadeira independência, seu pé deve ser responsável por manter o tempo e o polegar deve segui-lo.

Bata seu pé no dobro do tempo se necessário, mas garanta que ele esteja sincronizado com o baixo e não com o primeiro *bend*.

Persista nesse *lick*, já que ele vai te ensinar muita coisa.

Exemplo 4j:

A próxima linha também é bastante desafiadora, então escute cuidadosamente o áudio e foque no movimento do seu pé. Embora essas linhas sejam difíceis no começo, elas melhorarão bastante a independência em suas mãos direita e esquerda e entre os dedos do dedilhado e seu dedão. Quando tiver dominado essas síncopes em semicolcheias, você terá muito mais liberdade criativa em linhas melódicas.

Exemplo 4k:

Escreva alguns *licks* com os ritmos dos três exemplos anteriores. Gradualmente, insira *bends*, *slides* e bicordes para realçar as melodias. Adicione detalhes simples e internalize-os bem lentamente. O próximo exemplo usa uma nota de ornamentação em *slide* até um bicorde e um bend de um quarto de tom. **Exemplo 4l:**

Para aumentar sua flexibilidade e liberdade ao solar, é importante praticar a passagem de linhas não sincopadas para linhas sincopadas. Essa é uma etapa essencial no seu desenvolvimento, que vai te ensinar a internalizar a síncope e posicionamento das notas sem perceber.

Comece com a ideia a seguir, que passa de semínimas normais para sincopadas (fora do tempo).

Exemplo 4m:

Toque exercícios assim pelo braço da guitarra; um compasso de melodia dentro e outro fora tempo.

Quando você começar a internalizar, tente combinar alguns *licks* simples que partem de um ritmo reto para um sincopado. No exemplo a seguir, eu combino o exemplo 3k com o exemplo 4d:

Exemplo 4n:

Esse *lick* pode ser um ótimo *riff* para uma música inteira, embora possa haver problemas durante as repetições. Mantenha o pé em movimento! A próxima linha combina os exemplos 3w e 4e:**Exemplo 4o:**

Combine algumas das linhas em colcheias com as ideias sincopadas que você escreveu anteriormente e treine a passagem suave entre elas. Gradualmente, aumente a quantidade de tempo que você toca enquanto conscientemente se move entre os dois tipos de linha. Com o tempo, você irá internalizar esse ritmo e vai sair naturalmente.

Em seguida, insira algumas síncopes em semicolcheias combinando linhas da mesma maneira. Semicolcheias são mais difíceis, por isso pratique com afinco de forma lenta e concentrada. O segredo para todos esses ritmos é manter seu pé batendo no tempo.

Comece a treinar o exercício a seguir que se move entre semicolcheias no tempo e fora do tempo.

Exemplo 4p:

O exemplo 4p é bastante desgastante no início, então tente tocar junto com o exemplo em áudio. Concentre-se em manter o polegar e os pés juntos e tente ouvir a linha como um todo, não apenas como notas individuais. Ao ganhar confiança, gradualmente aumente a velocidade de seu metrônomo para te ajudar a construir a memória muscular.

Agora, tente combinar algumas linhas de semicolcheia sincopada e não sincopada a fim de aprender a se mover livremente entre as duas.

A linha a seguir combina os exemplos 3m e 4i:

Exemplo 4q:

A próxima linha combina o exemplo 2l com uma nova frase sincopada em semicolcheia.

Exemplo 4r:

A síncope é definitivamente uma das técnicas mais difíceis de dominar na guitarra dedilhada de blues ou em qualquer tipo de música. No entanto, é também uma das técnicas mais úteis e musicais que podemos treinar porque ela libera completamente nosso *posicionamento* de notas no compasso. Quando podemos escolher onde colocamos ritmicamente as notas em uma melodia, é possível ser verdadeiramente expressivo. O maior desafio é manter o polegar no tempo, mas isso se torna mais fácil com o tempo.

Continue praticando ideias que usem esse tipo de síncope deslocada, escrevendo *licks* e frases que usem os posicionamentos rítmicos acima. Se uma síncope em semicolcheia for difícil de entender, tente bater o pé no tempo duplo (duas vezes mais rápido) e começar a sentir a linha como colcheias, antes de reduzir na metade a velocidade do pé e a sentir novamente como semicolcheias.

Se eu estou tendo dificuldades com uma ideia específica, sempre conto as semicolcheias "1 2 3 4 1 2 3 4" para garantir que eu estou colocando cada nota sobre a subdivisão correta do tempo.

No próximo capítulo, analisaremos outro ritmo comum no blues dedilhado: tercinas.

Capítulo Cinco: Ritmos com Tercinas

O ritmo tercinado é uma parte essencial do blues e é criado dividindo cada batida em três notas iguais.

Isso pode ser escrito em 4/4 (tempo comum) da seguinte forma:

No entanto, é muito mais limpo escrever essas linhas com a fórmula de compasso 12/8 – doze colcheias por compasso agrupadas em grupos de três –, para evitar ter que escrever o sinal de tercina todas as vezes:

Quando tocadas no mesmo tempo, as duas figuras anteriores soarão exatamente iguais.

Comece tocando a escala pentatônica menor ascendente e descendente com esse novo ritmo de tercinas:

Exemplo 5a:

Continue tocando ideias da escala pentatônica como essa por todo o braço, até que você esteja seguro com a sensação rítmica da tercina.

Já vimos os componentes principais do vocabulário de blues como bends, slides, vibratos, ligados e síncope, assim só é necessário agora aplicar essas técnicas no ritmo com tercinas. A dificuldade é acostumar o polegar e os outros dedos com o novo ritmo e criar a mesma independência e controle.

As linhas a seguir irão ajudá-lo a internalizar a sensação do ritmo tercinado e te ensinarão um vasto vocabulário novo.

No primeiro exemplo, preste atenção nas notas de ornamentação em slides vindos 'do nada'.

Exemplo 5b:

No exemplo 5c, nós adicionamos um *bend* de 1/4 e vibrato.

Exemplo 5c:

O exemplo a seguir começa com um bend longo e lento, por isso lembre-se de manter o ritmo das tercinas na sua cabeça ao tocá-lo. Cuidado com as notas finais mais rápidas.

Exemplo 5d:

O exemplo 5e começa com o *hammer-on* antes de um slide de ornamentação para o "B" na terceira corda.

Exemplo 5e:

O próximo exemplo 'dobra' a nota do meio da segunda tercina.

Exemplo 5f:

No exemplo 5g, podemos subir pelo braço e explorar uma extensão maior da guitarra. Cuidado com o pré-bend no tempo três. Sustente o bend anterior durante todo o tempo dois e abaixe a nota no início do tempo três.

Ouça o áudio para saber como soa.

Exemplo 5g:

Nos próximos exemplos, iremos explorar uma nova posição da escala pentatônica menor de "E". Pratique com um baixo em semínima e com o ritmo em tercina.

Exemplo 5h:

Em Pentatonic

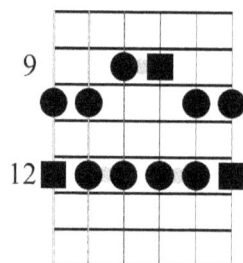

O primeiro exemplo abaixo tem *slides* nos três primeiros tempos e um slide para trás no último tempo do compasso. Deixe ambas as cordas soarem e não tenha medo de experimentar com a distância de cada *slide*. Cuidado com a mudança de posição, também!

Exemplo 5i:

No exemplo 5j, usamos a "*blue note*" b5 (Bb) para dar beleza melódica.

Exemplo 5j:

Assim como com notas em colcheias, nós podemos dobrar cada tercina para tocar duas semicolcheias em cada subdivisão do tempo. Essa ideia foi usada brevemente em alguns dos exemplos acima, mas as linhas a seguir fazem um uso maior de longas linhas com semicolcheias.

Cuidado com o ritmo. Como nós já estamos colocando notas em grupos de três, as semicolcheias são organizadas como três grupos de dois e não dois grupos de três. Por exemplo:

Exemplo 5k:

As linhas a seguir irão ajudá-lo a entender o ritmo para tocar linhas de semicolcheias mais longas.

O primeiro exemplo começa com um lick de blues ascendente comum que depois rapidamente desce através de frases em semicolcheias. Atenção ao bend de 1/4 no tempo dois e o slide no tempo três. Você pode achar mais fácil tocar o "G" na corda superior com o segundo dedo, já que ele vai te dar mais controle ao tocar a frase descendente.

Exemplo 5l:

O próximo exemplo se inicia com uma *"blue note"* e usa um ligado e um *slide* para articular a frase suavemente.

Exemplo 5m:

A ideia a seguir pode ser um pouco desafiadora no início, já que ela se move entre duas posições da escala pentatônica menor de "E". Lembre-se de deslizar com firmeza para a primeira nota de cada grupo de seis notas e deixe cada nota soar até a próxima. Ser agressivo em cada slide ajudará a articular e definir os agrupamentos.

Exemplo 5n:

Finalmente, aqui está outra frase que te ensinará a mudar de posição no braço da guitarra. A transição do *bend* para os *pull-offs* no tempo dois pode exigir uma atenção especial. Sempre domine o *lick* no compasso um antes de adicionar a linha de baixo no compasso dois.

Exemplo 5o:

Assim como em todos os exemplos nesse livro, o ritmo e direção partem do seu polegar e pé trabalhando em conjunto, então quando você estiver criando seus próprios *licks* mais rápidos, lembre-se de desacelerá-los e de prestar atenção na coordenação entre a melodia e o baixo.

No próximo capítulo, vamos ver uma nova escala e como usá-la para solar sobre acordes diferentes.

Capítulo Seis: A Escala Pentatônica Maior

Até agora, esse livro tem focado na construção de solos sobre os acordes de E Maior ou E Menor, usando a escala pentatônica menor com a adição de algumas *"blue notes"*. Existem, no entanto, outras escalas que podem ser usadas para criar melodias num acorde de "E".

A escala Pentatônica Maior tem um toque brilhante e edificante, além de ser uma escolha comum na guitarra de blues dedilhada. No entanto, sua vibração feliz é muitas vezes brilhante demais para usar no acorde tônica de um blues. Na verdade, a maioria do ar "blues" que ouvimos é criado ao se tocar uma escala *menor* sobre um acorde *maior*. Por exemplo, a escala pentatônica menor de "E" sobre um acorde de E Maior ou E7.

Embora a pentatônica menor de "E" funciona bem sobre um acorde de E Maior (ou E7), a pentatônica maior de "E" não fica muito boa sobre um acorde de E menor.

Em vez de estudarmos a escala pentatônica maior de E, agora estudaremos a escala pentatônica maior de "A", que é uma escolha comum quando se toca sobre o acorde de "A" em um blues na tonalidade de "E".

Iremos ver mais acordes e estruturas no capítulo sete, mas por enquanto dê uma olhada rápida numa progressão padrão de um blues de oito compassos em "E".[1]

Embaixo de cada acorde, eu escrevi algumas escolhas de escala usuais para solos.

Como você pode ver, o primeiro uso comum para uma escala pentatônica maior é sobre o acorde "A" no compasso três, por isso vamos ver um vocabulário importante da pentatônica maior. Primeiro, comece aprendendo a escala pentatônica maior de "A".

Como podemos usar a corda "A" solta como tônica, é possível tocar uma linha de baixo em semínima enquanto tocamos a escala pentatônica maior de "A".

---

[1] Há muitos tipos diferentes de estruturas de blues, inclusive os mais comuns de doze compassos. No entanto, muitas canções de blues acústico antigas não foram baseadas nessas estruturas, que só foram formalizadas posteriormente.

Exemplo 6a:

A Maj Pentatonic

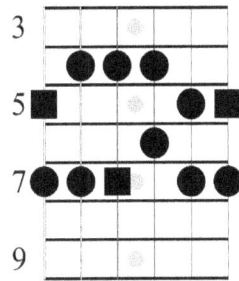

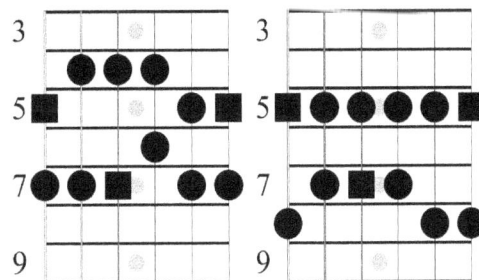

A coisa mais importante de entender é que quando tocamos ou ouvimos linhas com pentatônicas maiores no blues, elas normalmente estão combinadas com a escala pentatônica menor da mesma tonalidade. Por exemplo, você vai ouvir as escalas de A Maior e a pentatônica menor de A combinadas livremente a fim de escurecer ligeiramente o som da pentatônica maior e dar-lhe um sotaque mais blues.

Compare as diferenças entre as escalas pentatônicas maior e menor de "A". Destacaremos essas diferenças em nossas melodias para criar linhas de blues autênticas.

A Maj Pentatonic   Am Pentatonic

As linhas a seguir fazem uso de todas as técnicas utilizadas até agora neste livro, mas baseadas em torno da escala pentatônica maior de "A". No entanto, você vai notar pequenas pistas da escala pentatônica menor temperando o brilho sonoro da pentatônica maior.

Exemplo 6b:

Exemplo 6c:

Exemplo 6d:

Exemplo 6e:

Exemplo 6f:

Claro, você deve aprender c escrever algumas linhas em 12/8 também!

Exemplo 6g:

Exemplo 6h:

Explore as outras formas da escala pentatônica maior de "A" e combine-as com a pentatônica menor de "A" para formar seus próprio *licks* de blues. As seguintes formas são um ótimo ponto de partida:

A Maj Pentatonic   Am Pentatonic

Formas móveis

Uma das melhores coisas sobre a guitarra é que se estamos tocando uma escala sem cordas soltas, podemos movê-la e descer a guitarra, como um acorde com pestana, para acessar diferentes tonalidades e acordes.

Quando temos o acorde B7 num blues, podemos simplesmente mover todos os nossos *licks* da escala pentatônica maior de A um tom acima (dois trastes) para que os mesmos *licks* funcionem sobre o novo acorde. Você pode, claro, voltar a tocar ideias na pentatônica menor de "E" no acorde de B7, conforme mostrado no diagrama no início deste capítulo, mas nós já cobrimos essas ideias em detalhes.

Para começar, toque uma das ideias da pentatônica de "A" acima, e, em seguida, mova-a por dois trastes para transformá-la em uma ideia na pentatônica maior de "B". Em algum momento, você perderá a distinção entre as linhas das pentatônicas maior e menor, começando a ver cada ideia simplesmente como um *lick* em "A", um *lick* em "B" ou um *lick* em "E".

Exemplo 6i:

Exemplo 6j:

Se o *lick* for bem simples, pode ser fácil segurar uma nota "B" grave, no sétimo traste, para continuar o movimento do baixo através da progressão de acordes. Muitas vezes, isso é conseguido com uma pestana em todas as cordas no sétimo traste:

Exemplo 6k:

Exemplo 6l:

Depois de desenvolver uma boa independência dos dedos, coordenação e técnica aprendendo *licks* e vocabulário, a segunda parte deste livro irá examinar como construir e tocar as partes rítmicas e acordes complicados que são típicos da guitarra de blues dedilhado.

Parte Dois: Técnicas, Padrões e Vocabulário de Guitarra Base

A Parte Um deste livro pretendeu desenvolver sua independência nos dedos de uma maneira divertida e musical. Você agora domina um grande vocabulário importante e tem ideia de como manter uma linha de baixo em semínima constante durante a reprodução de linhas e *licks* difíceis.

A parte dois deste livro entrará em maiores detalhes na arte da guitarra dedilhada do blues e nas habilidades e técnicas necessárias para construir confiança e fluência nesse gênero exigente.

O treino da nota pedal de baixo em semínima será muito útil agora, mas fique ciente que você ainda deve treinar lentamente nesta parte através de exercícios e músicas. Ainda há um bom caminho a percorrer no desenvolvimento da síncope na mão do dedilhado e algumas ideias difíceis na mão do braço.

Esta seção aborda:

- *Progressões de Acordes*

- *Padrões de tônica e oitava com o polegar*

- *Padrões de tônica e quinta com o polegar*

- *Padrões de dedilhados*

- *Linhas de arpejo de baixo*

- *Fragmentos de acordes e inversões*

- *Combinação de melodias e acordes*

- *Turnarounds*

- *Acordes e linhas de baixo*

- *Solos e uso de preenchimentos ao tocar a base*

- *Uso de licks e riffs como acordes*

Depois de trabalhar nessa parte, você estará bem no seu caminho para tocar guitarra base de blues dedilhado e combiná-la com as ideias de solos da Parte Um.

Vá devagar e lembre-se de que *você* tem que controlar seus dedos. Uma pergunta que sempre me ocorreu foi: "Quero ser o cão ou o rabo?". Em outras palavras, você quer abanar sua cauda, ou você quer ser "abanado"?

A maneira de ter certeza que estamos no controle é praticar lentamente o suficiente para que o nosso cérebro, não os dedos, seja responsável por cada nota.

Capítulo Sete: Acordes, Palhetadas e Padrões Básicos

Ao longo dos anos, o blues dedilhado foi tocado em diferentes tipos de guitarras e afinações. As afinações mais comuns são o "E padrão", que provavelmente você está usando agora em uma guitarra de seis cordas, e o "Drop D", onde a corda mais grave é afinada em "D" em vez de "E".

Há também a afinação DADGAD, onde as cordas estão afinadas nessa sequência de notas.

No entanto, existem também algumas afinações bastante raras e obscuras que já foram usadas. Por exemplo, o pioneiro do blues Leadbelly usava um violão de doze cordas que tinha a afinação abaixada para "C" ou mesmo "B", assim como Blind Willie McTell.

A afinação Vestapol (DADF#AD), onde a guitarra toda está afinada como um acorde de D, também não era incomum entre os músicos de guitarra "slide" como Blind Willie[2] Johnson.

Pela simplicidade e acessibilidade, esse livro vai mostrar-lhe como tocar o blues dedilhado na afinação "padrão E" (E, A, D, G, B, E), já que todas as ideias nesse livro são transferíveis e muitas das técnicas podem ser usadas com uma variedade de afinações diferentes.

Na afinação padrão, as duas tonalidades mais comuns para o blues dedilhado são "E" e "C" porque elas permitem fácil acesso a muitas linhas de baixo importantes.

Vamos começar vendo os acordes básicos de um Blues em "E". Eles são mostrados tanto em formato Maior quanto dominante 7, já que eles tendem a ser usados de forma intercambiável. Acordes com "7" tem uma qualidade mais *bluseira* e tensa, portanto pratique ambas aberturas e escolha o som que preferir. Ocasionalmente, é importante tocar um formato dominante 7, que lhe deixa um dedo sobressalente para acrescentar uma frase melódica.

Formatos de Acordes de Blues Básicos

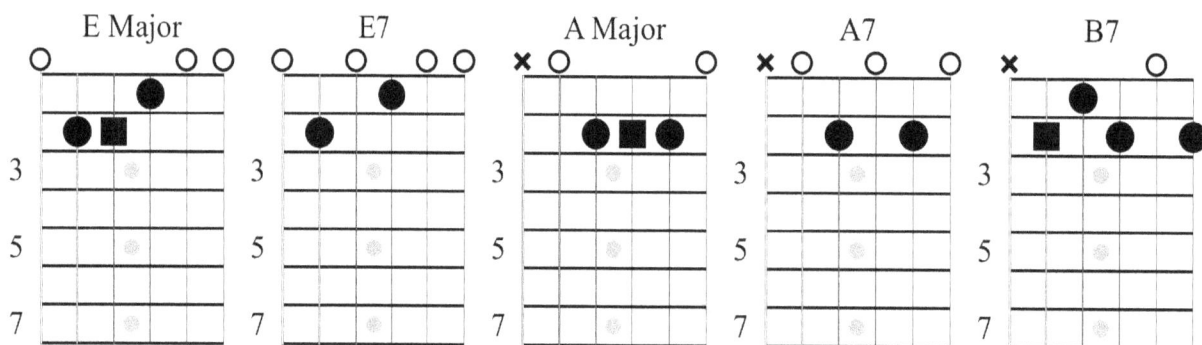

Enquanto a maioria das pessoas associam o blues com a estrutura clássica dos doze compassos, ela foi na verdade uma inovação posterior e é bastante incomum nos primórdios do blues. Normalmente, canções inteiras foram criadas a partir de *riffs* de uma ou duas notas sobre um único acorde, por isso quase qualquer ideia da Parte Um pode ser adaptada para essa finalidade.

---

[2] Se você quer se tornar um guitarrista de blues dedilhado realmente excelente é essencial mudar seu nome para Blind Willie.

No entanto, para desenvolver seu estilo de dedilhado é importante aprender os padrões e estruturas de acordes a seguir ao redor de sequências específicas para que você aprenda a coordenar ambas as mãos e mudar de acordes facilmente e sem sobressaltos. Esteja ciente de que qualquer padrão de palhetada ou dedilhado pode ser aplicado a qualquer sequência.

Vamos começar, no entanto, com a estrutura de blues de oito compassos que você aprendeu na Parte Um. Aqui está ela de novo para refrescar a sua memória.

Blues de Oito Compassos "Padrão"

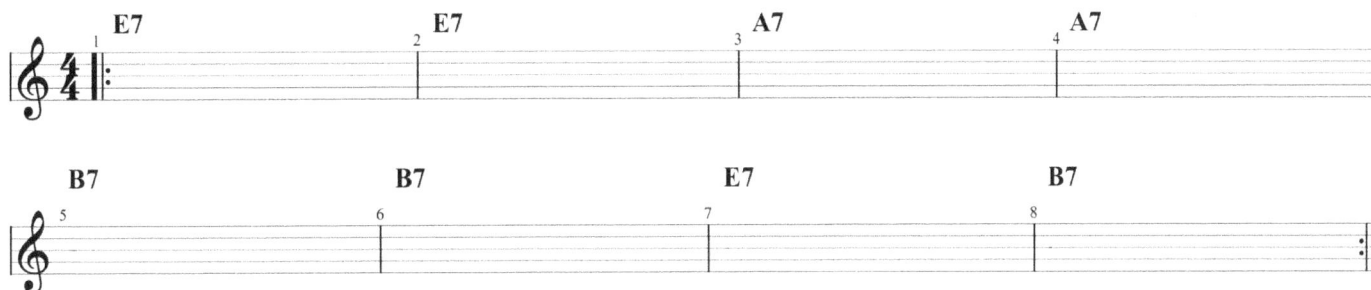

Toque essa progressão usando uma palhetada por compasso e esteja certo de que memorizou a sequencia. Teste ambos os tipos de acordes: Maior e Dominante 7. Use um metrônomo a 60bpm e gradualmente aumente o tempo até você conseguir tocar com confiança as mudanças de acordes rápidas. Tente dar mais palhetadas em cada compasso quando estiver pronto.

Pode demorar um pouco para se acostumar com o B7 se você nunca tocou antes. Se você estiver com dificuldade, tente este formato mais fácil de B7:

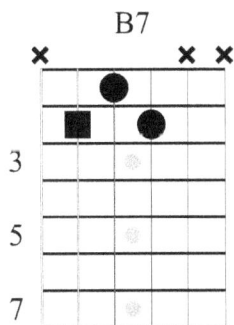

Quando se sentir confortável com essas mudanças, introduza o primeiro padrão dedilhando.

Comece seguindo o padrão de dedilhado mostrado no exemplo, use sua unha do indicador para tocar baixo e a almofada do dedo indicador para atacar a corda para cima no acorde. Isso, às vezes, é chamado de *brush stroke*.

Em seguida, altere sua abordagem para tocar a nota do baixo com o polegar, usando três dedos juntos para atacar a parte aguda do acorde.

Onde houver quatro notas transcritas em um acorde, seja seletivo sobre quais serão as três notas que você escolherá atacar. É geralmente melhor tocar as três cordas mais agudas. **Exemplo 7a:**

O próximo exemplo de dedilhado é um ritmo importante, sendo às vezes chamado de freight train (trem de carga), já que imita o som de uma locomotiva. Ele é bastante usual também na guitarra do *country*. Eu escrevi apenas até o acorde "E" abaixo, mas você deve transferir esse padrão para os outros acordes na progressão e os que estão adiante neste capítulo.

Mantenha o pulso suave e leve; tente mover o dedilhado a partir das cordas do meio até as mais agudas – como você pode ouvir na faixa. A única coisa imutável é a nota de baixo tocada no tempo.

Exemplo 7b:

Quando você estiver fluente nessa progressão e puder tocá-la tanto com a palheta quanto com os dedos e o polegar, é hora de seguir em frente para estudar alguns padrões de dedilhado com os dedos.

O padrão de dedilhado mais importante para dominar, já que ele sustenta mais de noventa por cento da abordagem do blues dedilhado, é o padrão de *baixos alternados*. Nesse estilo, o polegar é usado para alternar entre duas notas graves, normalmente, a tônica e sua oitava ou a tônica e a quinta.

Ao tocar um acorde "E", a tônica e a oitava estão localizadas na sexta e quarta cordas, respectivamente.

Lentamente treine o exemplo a seguir, lembrando de prestar atenção na precisão do seu polegar e no ritmo da música. Tenha certeza que o polegar da mão do dedilhado toca as notas graves na sexta e quarta cordas e que três dedos juntos tocam as cordas agudas.

Lembre-se também de abafar com a mão da palhetada, repousando levemente a almofada da mão nas cordas graves. Isso irá manter o baixo justo e nítido e ajudará na transição entre os acordes. Ouça isso nas faixas de áudio.

Exemplo 7c:

Continuando a mesma ideia, vamos mudar o acorde para o contratempo para criar um efeito diferente e mais animado.

Exemplo 7d:

Em outros tipos de acorde nem sempre é prático tocar a tônica e a oitava. Por exemplo, num acorde aberto de "A", o baixo muitas vezes se move entre a tônica e a quinta na quarta corda. Veja o padrão a seguir e cuidado com a mudança de A para A7 no compasso dois.

Exemplo 7e:

A quinta de A (E) também pode ser tocada na sexta corda *abaixo* da tônica. Entretanto, isso pode soar um pouco "*country*", portanto tenha cuidado!

Exemplo 7f:

O acorde B7 também pode ser tocado com o baixo na quinta e quarta cordas.

Exemplo 7g:

Conforme a independência do seu polegar for se desenvolvendo, tente o exercício a seguir com um acorde simples de "E" maior. Você começa com o acorde no tempo do primeiro compasso e alterne para tocá-lo no contratempo no segundo compasso.

Exemplo 7h:

Em seguida, tente criar ritmos sincopados, combinando acordes dentro e fora do tempo no mesmo compasso. Esse é o princípio para tocar solos e acordes ao mesmo tempo, uma vez que isso desenvolve um tremendo controle da mão da palhetada.

Exemplo 7i:

Pratique também a mesma ideia rítmica nos acordes de A e B7, antes de combiná-los em progressões mais longas. O exemplo a seguir move-se entre os acordes de E e A7.

Exemplo 7i:

Agora tente um exemplo semelhante para se acostumar a alterar ligeiramente os acordes enquanto estiver tocando um padrão de palhetada.

Exemplo 7j:

Repita os nove exercícios anteriores usando os acordes de G, C, D e seus equivalentes dominantes com 7. O exemplo a seguir mostrará os padrões mais comuns de baixo para cada tipo de acorde.

Exemplo 7k:

Padrões de Dedilhados

A próxima etapa no desenvolvimento da mão da palhetada é dominar alguns padrões importantes. Esses padrões se desenvolverão gradualmente em ideias mais complexas, construídas para te dar independência e controle entre o polegar e os dedos.

Como dica geral, se algo der errado enquanto você estiver tocando um padrão de palhetada (principalmente ao vivo!), a parte mais importante para continuar tocando é a linha de baixo. O ouvinte quase sempre ouvirá uma linha de baixo insegura, antes mesmo de ouvir qualquer inconsistência nos dedos da melodia.

Esses primeiros exercícios mantêm um constante movimento de semínimas em uma corda com o polegar para ajudá-lo a se concentrar em coordenar os dedos do dedilhado. Lembre-se de verificar o dedilhado correto indicado acima da música.

M = Médio

I = Indicador

A = Anelar (em inglês, R de "Ring")

Segure um acorde maior de "E" ao tocar os exemplos a seguir:

Exemplo 7l:

Use o padrão de palhetada acima para os acordes de A, B7, G, A e D, antes de seguir em frente.

Agora, tente este próximo exemplo:

Exemplo 7m:

Novamente, mova esse padrão através dos acordes mencionados acima.

A ideia de dedilhado acima utiliza bicordes. Use os dedos médio e indicador para tocar as duas notas juntas.

Exemplo 7n:

Agora, inverta esse padrão.

Exemplo 7o:

Ao desenvolver seu controle e fluência, gradualmente aumentando a velocidade dos exercícios anteriores de dedilhado com um metrônomo, é hora de reintroduzir o baixo alternado com o polegar. Lembre-se de manter a sexta corda ligeiramente abafada para gerar um efeito percussivo de blues. Os dois primeiros padrões de dedilhado são mostrados abaixo, com um baixo alternado adicionado.

O polegar é o "motor" nesse estilo de música. Mantenha-o no comando, rítmico e suave.

Exemplo 7p:

Exemplo 7q:

Treine os padrões de dedilhado restantes acima e aplique o padrão de baixo alternado a eles. Em seguida, use a ideia de baixos alternados aos mesmos padrões nos acordes de A, B7, G, C e D. Lembre-se que esses acordes têm baixos alternados em padrões diferentes do acorde de E maior. Refresque a sua memória voltando aos exemplos 7e - 7k.

O exemplo a seguir mostra como adaptar o exemplo 7p para um acorde de A.

Exemplo 7r:

Lembre-se, tudo o que você precisa fazer é segurar a corda e pensar na sequencia de dedilhado.

Aqui está o mesmo padrão adaptado para o acorde de D7.

Exemplo 7s:

Pegue cada padrão dos exemplos 7l-7o e aplique-os a cada um dos acordes listados acima. Essa é uma etapa importante, que te ensinará como tocar os acordes mais comuns em um blues dedilhado com baixos alternados. Vá com calma e treine por partes.

Agora, vamos tentar ligar algumas dessas ideias em um pequeno pedaço de música. Comece treinando o padrão de dedilhado para cada acorde, antes de juntá-los.

Exemplo 7t:

Repita o exercício anterior, usando padrões diferentes de dedilhado e também ao redor dos acordes de G, C e D.

Até agora vimos padrões de colcheias na parte aguda do acorde, no entanto, algo que pode demorar um pouco para se tornar confortável é tocar notas melódicas em semínima com uma linha de baixo também em semínima. Esses padrões parecem fáceis no papel, mas, para muitos músicos, eles podem ser bastante desafiadores no início.

Veja as seguintes ideias.

Exemplo 7u:

Exemplo 7v:

Mais uma vez, aplique essas ideias aos outros acordes de blues discutidos nesse capítulo e crie alguns padrões e progressões de acordes próprios.

Esse capítulo te deu uma base sólida em alguns dedilhados de blues importantes. No próximo capítulo, vamos adicionar melodias e síncope a essas ideias para criar partes de guitarra autênticas.

Capítulo Oito: Combinando Melodias, Acordes e Linhas de Baixo

Nesse capítulo, estudaremos como combinar os padrões de dedilhados do capítulo anterior com melodias simples de uma só nota e solos para criar uma parte de guitarra de blues completa. As técnicas nesse capítulo podem ser um pouco incômodas no início, mas, como sempre, o segredo é ir devagar e estar bem consciente de cada nota tocada.

Quando você começar a tentar os exemplos nesse capítulo, não se preocupe muito com o metrônomo ou em tocar no tempo, apenas se preocupe com que cada nota tocada esteja certa. Com a melhora na sua precisão, coloque um metrônomo e não se esqueça de manter seu pé batendo no tempo.

Começaremos sem os baixos alternados até você se habituar a adicionar notas melódicas nas cordas agudas. Quando você dominar as notas melódicas, será simples reintroduzir a linha alternada de baixo.

No exemplo a seguir, segure um acorde maior de "E" e use seu quarto dedo (dedo mínimo) para tocar as notas melódicas nas cordas agudas. Lembre-se de que seu polegar continua tocando as notas em semínima na sexta corda no tempo.

Exemplo 8a:

Aqui está uma linha parecida, tocada em um acorde de "A".

Exemplo 8b:

Ao tocar nessa posição "aberta" na guitarra, muitas linhas que você escuta em discos podem ser encontradas simplesmente experimentando melodias usando seu dedinho nas duas cordas mais agudas.

Tente a seguinte melodia que começa com o quarto dedo tocando no terceiro traste da segunda corda aguda. Sustente um acorde maior de "E". Perceba como eu alterno entre as notas simples e bicordes para combinar solos e texturas.

Exemplo 8c:

Agora, vamos tocar um bend na nota aguda de "G" enquanto mantém pressionado o acorde de "E" maior. Esse *bend* pode ser difícil no início, já que você precisa usar seu quarto dedo que é mais fraco.

Exemplo 8d:

Também vale a pena praticar esse *bend* em um acorde de "A" porque é fácil subir o *bend* na segunda corda sem querer. Use o seu primeiro e segundo dedos para segurar o acorde de "A7" e use seu quarto dedo para tocar um bend na corda "E" e o "D" no tempo três. Cuidado com a mudança rápida para C#.

Exemplo 8e:

A ideia a seguir combina um *hammer-on* em um acorde "E" com um *bend* na corda aguda. Esse é um movimento muito comum na guitarra de blues acústica.

Exemplo 8f:

Melhorando sua habilidade no dedo, você pode começar a adicionar *licks* mais rápidos nas cordas agudas. A ideia a seguir usa os *hammer-on* e *pull-off* com seu dedo mínimo e pode requerer bastante prática.

Exemplo 8g:

Todos os exemplos anteriores começaram com uma nota do acorde no tempo, mas é importante experimentar tocar as notas da escala no tempo também. O exemplo a seguir mostra uma linha ao redor de um acorde de "A7" com a 6ª (F#), como a primeira nota da melodia. Use o seu dedinho para tocar as notas na corda aguda.

Exemplo 8h:

Exemplo 8i:

Vamos dar uma olhada em alguns movimentos comuns em torno do acorde de "B7", antes de amarrar algumas dessas ideias em um estudo mais longo.

A próxima linha pode ser um pouco mais complicada. Todos os *bends* são tocados com o dedo mindinho e você precisa ser cuidadoso para não tocar acidentalmente as cordas próximas durante o *bend*.

Exemplo 8j:

O estudo a seguir irá ajudá-lo a combinar as ideias nas páginas anteriores. Cuidado com a linha de baixo no compasso seis. Vamos ver em maiores detalhes as linhas de baixo posteriormente, mas por enquanto use o quarto dedo para tocar o baixo em "G".

Lembre-se de segurar a corda indicada ao longo de cada compasso.

Exemplo 8k:

Agora, as ideias estão começando a fluir; é importante investir tempo no improviso e encontrar suas próprias melodias para tocar sobre os acordes. Use os *licks* e vocabulário que você desenvolveu nos Capítulos Dois, Três e Quatro para ajudá-lo.

A próxima etapa é começar a tocar essas melodias e acordes com a adição das linhas alternadas de baixo que estudamos no Capítulo Sete. Essa tarefa extra requer um nível ainda maior de concentração, como sempre siga muito devagar e mantenha o controle de cada nota e batida do polegar. É extremamente fácil esquecer o movimento do polegar ou se confundir sobre qual corda ele deveria estar tocando.

Relembre o exemplo 8c e experimente agora com o polegar tocando uma linha de baixo alternado na quarta e sexta cordas. Segure o acorde maior de "E" e preste atenção aos ataques do polegar enquanto abafa levemente. O objetivo é fazer com que a guitarra soe como dois instrumentos separados.

Exemplo 8l:

A próxima linha começa de forma semelhante, no entanto, há agora um rápido *lick* no tempo três. Perceba como a nota é isolada no tempo quatro.

Exemplo 8m:

Aqui está uma linha de baixo alternado combinada com *licks* em um acorde de A7.

Exemplo 8n:

A próxima linha deve ser um pouco mais desafiadora.

Exemplo 8o:

A seguir, as linhas de baixos alternados são construídas em um acorde de B7.

Exemplo 8p:

Exemplo 8q:

Ao se familiarizar com os movimentos alternados de baixo sobre esses acordes, volte ao exemplo 8k e toque novamente, acrescentando os padrões de baixos alternados que você treinou nos seis exemplos anteriores.

Claro, existem outros acordes, linhas de baixo e vocabulários importantes para dominar também, especialmente nas "tonalidades de blues" usuais de "C" e "A", no entanto, todas as ideias mostradas nos acordes de E, A e B7 são facilmente transferíveis para outras tonalidades e uma grande quantidade de vocabulário será abordada no capítulo seguinte, quando estudarmos como tocar com formatos móveis pelo braço.

Capítulo Nove: Tocando Pelo Braço

A maior parte do treino de acordes que fizemos até agora foi ao redor do início do braço da guitarra e usando cordas soltas. Nesse capítulo, vamos ver como usar aberturas mais agudas de acordes e combiná-los perfeitamente com os formatos abertos, vistos anteriormente.

Como a maioria dos acordes a seguir não usam cordas soltas, eles são normalmente móveis e podem ser tocados em diferentes tonalidades ao mudarmos posições, assim como escalas e acordes com pestana.

A primeira ideia é baseada em um acorde de "E7" com tônica na quarta corda. Ele pode ser tocado assim:

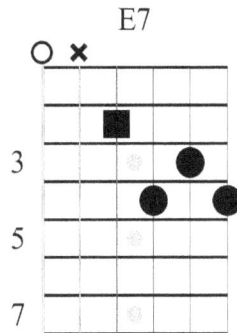

E7

A sexta corda solta ainda pode ser usada como uma nota de baixo "E".

O *riff* a seguir faz um slide nas notas agudas das três cordas inferiores, para baixo e para cima por um semitom, enquanto mantém a tônica na quarta corda constante para criar um efeito blueseiro. O formato de acordes que você está movendo é assim:

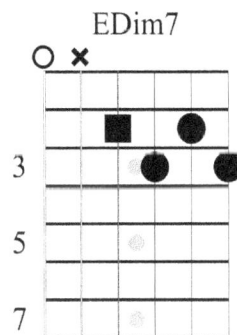

EDim7

Veja as seguintes frases:

Exemplo 9a:

Como mencionei, a tônica na sexta corda solta "E" ainda está disponível, por isso é possível adicionar uma linha de baixo alternado ao movimento de acorde anterior. Essa linha é um pouco estranha no começo, mas logo se torna confortável se você praticar lentamente.

Exemplo 9b:

Como esse formato é um acorde móvel, podemos usar a corda "A" solta para tocar o mesmo formato do acorde "A7".

Exemplo 9c:

Embora normalmente não haja nenhuma corda "B" grave disponível, é possível mover a ideia anterior por um tom para tocar um acorde de B7, desde que você mantenha a linha de baixo na quarta corda.

Exemplo 9d:

A ideia a seguir mostra como você pode combinar esses acordes em uma ideia musical.

Exemplo 9e:

Embora eu normalmente não toque a sequência acima inteira, cada *riff* de acordes isolado é útil para misturar com outros formatos do mesmo acorde. Claro, os ritmos anteriores podem ser alterados também. No próximo exemplo, eu combinei um acorde com baixos alternados e um *lick* com o *riff* de "E7" acima.

Exemplo 9f:

Outro formato de acordes útil de se saber é baseado em uma forma móvel de C7. Esse acorde é muito comum em blues e country dedilhado porque dá acesso a uma linha de baixo alternado com tônica e quinta em qualquer lugar do braço.

Os formatos de acordes são mostrados abaixo com as tônicas de E, A e B7.

Esses formatos são muito úteis para padrões de dedilhados e é fácil adicionar um baixo alternado na sexta corda, simplesmente movendo o terceiro dedo para criar o seguinte formato:

Veja este próximo exemplo de dedilhado. Embora seja um pouco *"country"*, ele é um grande exercício e pode ser facilmente adaptado a outros padrões do Capítulo Sete. Segure os acordes acima durante todo o exemplo e só mova seu terceiro dedo.

Exemplo 9g:

Esse formato também nos dá a oportunidade de nos divertir e criar uma linha de baixo alternado nas três cordas graves. Esse exemplo é semelhante em alguns aspectos a ideia anterior, mas o polegar toca qualquer nota na sexta, quinta e quarta cordas.

Exemplo 9h:

Também pode ser útil tocar fragmentos de acordes com pestana que nos permitem combinar acordes e solos e mover essas ideias ao longo do braço.

As linhas a seguir são baseadas em torno do acorde com pestana de "A" maior completo, mas vale a pena começar com o pequeno fragmento mostrado.

Comece tocando os seguintes *licks* para ter uma ideia de onde as notas usuais da melodia ficam ao redor desses formatos.

Nesse primeiro *lick*, faça uma pestana na segunda, terceira e quarta cordas na quinta casa. Perceba que os movimentos alternados de baixo agora estão entre a tônica e a b7 (G), não a tônica e a oitava.

Exemplo 9i:

A próxima linha combina o fragmento do acorde "A7" com uma linha de baixo alternado e um *lick* em tercina.

Cada um dos acordes é *arrastado* rolando os dedos da mão do dedilhado pelas cordas. Comece com o polegar e os dedos sobre as cordas e retire-os rapidamente, sucessivamente.

Exemplo 9j:

Tente deslizar os dois *licks* anteriores por dois trastes para reproduzi-lo sobre o acorde de B7. Você precisa fazer a pestana por todo o braço para tocar o baixo "B" na corda grave.

Exemplo 9k:

Esses formatos de acordes móveis são extremamente úteis já que eles permitem que você toque em qualquer tonalidade, e te ajudam a acessar as notas que estão nas regiões mais agudas do braço enquanto mantém o impulso da música com acordes e linhas de baixo.

Aberturas e inversões

Outra forma que os músicos de blues usam para acessar notas e acordes em regiões mais agudas do braço é através de *aberturas* diferentes e *inversões* do mesmo acorde. Por exemplo, o acorde de "E" maior pode ser tocado das três formas a seguir:

A seguinte ideia em tercina une esses formatos com uma linha de baixo em semínimas. Também adicionei alguns slides de semitom em cada acorde. Esses slides podem ser usados em qualquer acorde que você tocar.

Exemplo 9l:

Esses formatos maiores são muito úteis e você deve experimentar para encontrar formas de criar os seus próprios, mas para dar-lhes um sotaque mais blues, eles podem ser convertidos para acordes dominantes com 7, descendo a tônica um tom:

Toque o exemplo da página anterior e use esses formatos em vez daqueles escritos.

O segredo para integrar esses fragmentos nos seus solos é encontrar um formato de uma única linha no qual você possa basear cada formato.

Os três exemplos a seguir mostram uma linha para cada inversão de acordes, mas você pode facilmente usar qualquer linha da Parte Um desse livro.

Exemplo 9m:

Exemplo 9n:

Exemplo 9o:

Esses fragmentos podem ser usados para tocar qualquer acorde e nos permitem caminhar entre inversões próximas em uma progressão de blues.

Aqui estão os mesmos formatos de três notas para os acordes de A7 e B7. Mostrei as tônicas como quadrados vazios para sua referência, mas elas não são tocadas.

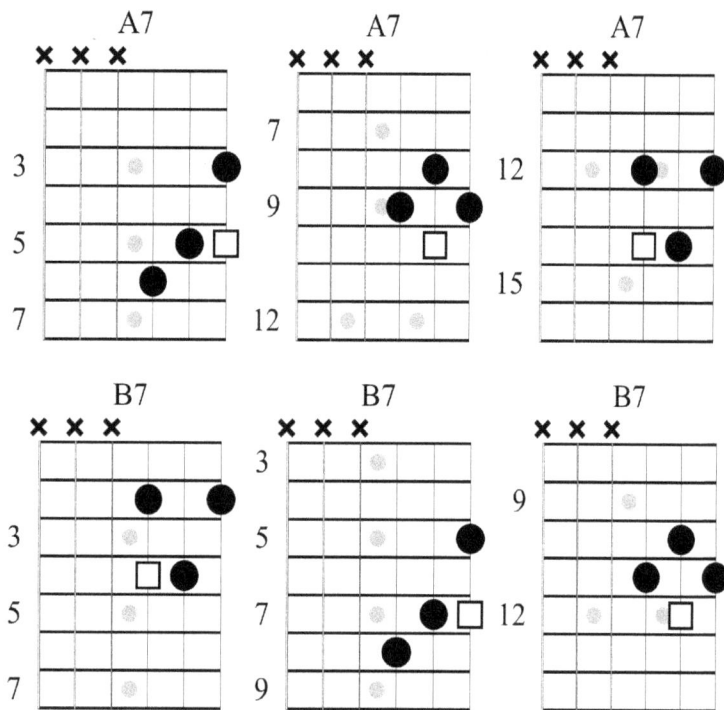

O exemplo a seguir mostra algumas ideias para ligar esses fragmentos sobre uma progressão de blues no sétimo traste. Tente transferir essas ideias para as outras posições no braço e encontre suas próprias formas de conectá-las.

Exemplo 9p:

Outra maneira de tocar pelo braço é usando fragmentos menores de duas cordas. Essas notas normalmente vêm de uma escala pentatônica menor. Se você estiver tocando em "E", os fragmentos serão provenientes da pentatônica menor de "E". O lick a seguir demonstra as posições mais comuns e abordagens para usar fragmentos da pentatônica menor combinados com um acorde aberto de "E".

Exemplo 9q:

Outra maneira de usar esses fragmentos é como preenchimentos curtos entre *riffs* de acordes abertos. Isso é mostrado no exemplo a seguir.

Exemplo 9r:

Experimente o máximo possível e ouça músicas de blues dedilhado. Você vai escutar ideias parecidas com essa o tempo todo.

Uma das características mais peculiares de um blues é a parte de *turnaround*. Ela ocorre nos finais de alguns compassos ou tempos do blues e "traz de volta" ao início a música. Veremos *turnarounds* e *finalizações* no próximo capítulo.

Capítulo Dez: Turnarounds, Finalizações e Linhas de Baixo

Os *turnarounds* normalmente ocorrem durante os últimos dois compassos de um blues e servem para fornecer um *gancho* atrativo no final da canção. Eles ajudam o ouvinte a saber quando a música está prestes a começar de novo (ou encerrar) e são como um ponto de passagem entre versos.

A melhor maneira de entender o que é *turnaround,* é simplesmente aprendê-lo. Existem algumas fórmulas básicas usuais para suas estruturas e quando você tiver memorizado algumas se tornará mais fácil e divertido improvisar com elas.

Qualquer *turnaround* pode também tornar-se uma finalização simplesmente alterando-se os últimos tempos, como você verá mais tarde. Comece aprendendo os exemplos a seguir.

Exemplo 10a:

O exemplo 10b é um dos *turnarounds* mais tocados. Você o ouvirá todo o tempo!

Exemplo 10b:

O próximo *turnaround* usa uma coisa chamada movimento contrário. O baixo sobe e a melodia desce. Esse exemplo é extremamente complicado, então leve algum tempo para aprender cada mudança de posição individualmente antes de uni-las.

Exemplo 10c:

Exemplo 10d:

O próximo *lick* é uma linha usual que desce sob uma nota pedal de "E".

Exemplo 10e:

Essa linha envolve movimento contrário nas duas cordas mais agudas. Os bicordes podem tanto serem tocados juntos quanto arpejados.

Exemplo 10f:

O próximo exemplo é muito difícil. Esteja certo de que você pode posicionar confortavelmente os acordes no tempo dois com os dedos, antes de aprender a linha.

Exemplo 10g:

Como eu mencionei acima, qualquer *turnaround* pode ser transformado em uma finalização facilmente. Tudo que você precisa fazer é focar em um acorde de "E" no último compasso de um B7. A primeira ideia se resolve em um acorde de E7 a partir de um semitom abaixo.

Exemplo 10h:

Você consegue ouvir como esse *lick* agora tem uma qualidade bem "definitiva"? Você pode acentuar isso diminuindo a velocidade da frase até chegar ao final.

A próxima ideia transforma o *turnaround* no exemplo 10d em uma finalização, aproximando-se do acorde de E9 a partir de um semitom acima (F9).

Exemplo 10i:

Para ajudá-lo a aprender a sentir quando o *turnaround* deve ser tocado, aprenda esse blues de 12 compassos completo, no estilo de Big Bill Broonzy, e experimente diferentes *turnarounds* nos últimos dois compassos.

Exemplo 10j:

Linhas de Baixo com Acordes

Uma técnica que você vai ouvir em músicas de blues mais avançadas é a combinação de uma linha de baixo arpejada com ataques em acordes sincopados. Essas ideias podem soar meio 'Boogie Woogie', mas elas são normalmente tocadas no blues.

Comece aprendendo a seguinte linha de baixo e esteja certo de que você está extremamente confiante com isso antes de seguir em frente.

Exemplo 10k:

A próxima etapa é para dominar o ritmo dos ataques sincopados. Eu recomendo que você faça isso com apenas uma corda solta "E" no baixo para começar.

Exemplo 10l:

Agora, adicione a linha de baixo nos dois primeiros compassos.

Exemplo 10m:

Agora tente treinar lentamente através de todo o formato e combinar essas ideias.

Exemplo 10n:

Na parte final do *turnaround* de dois compassos, esteja certo de que você toca cada nota do baixo com o dedo que usará para tocar a nota mais grave do acorde seguinte. Por exemplo, use seu segundo dedo para tocar as notas do baixo D e C# (5 e 4) no penúltimo compasso.

Se você quiser *realmente* se aventurar, você pode começar a adicionar o lick principal enquanto toca linhas de baixo e ataques. Essa técnica normalmente exige muito treino por causa de algumas aberturas complicadas. Comece adicionando apenas uma nota da melodia, como mostrado no exemplo a seguir.

Exemplo 10n:

Quando esse tipo de ideia começar a fazer sentido para os seus dedos, lentamente tente adicionar algumas notas a mais no solo.

Exemplo 10o:

Ao ficar mais confiante, comece a inserir frases curtas em cada acorde, lembrando de manter a linha de baixo contínua e no tempo. Agora você já deve ter uma ideia de como criar seus próprios *licks* de blues com a escala pentatônica, mas sinta-se livre para pegar ideias de uma música que conheça para começar.

Acima de tudo, use seus ouvidos e copie ideias de seus guitarristas favoritos.

Estudos

Esse livro cobriu uma gama enorme de informações e espero que você tenha muitas horas agradáveis de estudo. Eu tentei abranger muitos dos rudimentos, técnicas e abordagens possíveis, focando no vocabulário. Ao desconstruir o estilo, o objetivo é que você seja capaz de recriar o que ouve nas gravações e escrever ou improvisar suas próprias músicas de blues acústico dedilhado.

Os dois estudos a seguir unem muitas dessas características e irão formar a base de suas próprias canções. Vá devagar e divirta-se!

Exemplo 11a:

Este próximo estudo está na tonalidade de "A" e usa uma nota de baixo estática.

Exemplo 11b:

Audições Essenciais

A seguinte lista de títulos está longe de ser completa, mas representa uma boa indicação das músicas que você deve começar a dominar. Devido ao tipo de direitos autorais sobre essas gravações, há muitos álbuns "best of" de excelente qualidade com ela e certamente existe algum do seu músico favorito. Há também muitas gravações lançadas como "Library of Congress Sessions", que foram gravadas para preservar as raízes da música antiga.

Roy Book Binder - Don't Start Me Talkin'....

Mississippi John Hurt - D.C. Blues Vol.1 & 2

Rev. Gary Davis – The Guitar and Banjo of...

John Mooney - Dealing With the Devil

John Hammond - Live

Blind Boy Fuller - East Coast Piedmont Style

Pink Anderson - Vol. 2 Medicine Show Man

Big Bill Broonzy - Warm, Witty & Wise

Son House - The Real Delta Blues

Charley Patton - The Essential Collection

Blind Lemon Jefferson - The Complete Recordings / Best Of

Robert Johnson - The Complete Recordings

Blind Willie McTell - The Early Years / The Legendary Library of Congress Recordings

Blind Blake - All the Published Sides

Mississippi Fred McDowell - My Home is in the Delta

Elisabeth Cotton - Live!

Blind Willie Johnson - The Essential Blind Willie Johnson

Lightnin Hopkins - Double Blues

Há literalmente centenas de álbuns antigos de blues que foram compilados ou remasterizados. O YouTube também é uma grande fonte de inspiração, já que muitas pessoas montam listas de reprodução longas que você pode ouvir. Se uma ideia musical te chamar a atenção, então pegue-a e use-a. Assim, você também pode se tornar parte da longa genealogia do blues.

Aproveite a viagem.

Joseph

www.ingramcontent.com/pod-product-compliance
Lightning Source LLC
Chambersburg PA
CBHW081430090426
42740CB00017B/3253